포엠포엠
POEMPOEM

유리호프스와 키스하는 아침

2025 Shin Misun

포엠포엠시인선 046

유리호프스와 키스하는 아침

신미선 시집

포엠포엠
POEMPOEM

유리호프스와 키스하는 아침

목차

● 시인의 말 · 8

part. 1 동물, 곤충, 꽃

동백 · 13
연둣빛을 물고 온 나비 · 14
유리호프스와 키스하는 아침 · 16
초롱꽃 · 18
매혹 · 19
빈집 · 20
새장 안에는 · 22
봉황동으로 날아간 새 · 24
무명無明 · 26
호랑나비 한 마리가 · 28
벤자민은 옆으로 간다 · 30
풀밭에 뛰노는 한 마리 사슴처럼 · 32
개, 몽타주 · 34
가시고기 · 36
석류 · 38
찰나 · 39

part. 2 인물

관음송 - 단종의 소나무 · 43
세기말 에피소드 · 44
석계공원묘지 · 46
신호위반 · 48
오직 사랑뿐 · 50
작약, 조붓한 꽃잎의 떨림 · 52
스무 살의 표류기 · 54
까꿍, 옥자 씨 · 56
최만수 씨 · 58
장자 풍으로 · 60
자매 · 62
조지훈 풍으로 · 63
행복사진관 · 64
눈물의 여로 - 체로키의 마지막 행렬 · 66
오월 · 68
구름에게 물어봐 · 70
염원 · 72
오랜만에 · 74
불안 · 75

part. 3 일상

언약 · 81
검은 배 · 82
영차, 으라차차 · 84
기도 · 86
일만 원 · 87
춤추는 난쟁이 · 88
봄밤 · 90
복면 · 92
저수지 · 94
하이재킹 · 96
논스톱 · 98
동창회 · 100
거미줄 · 102
가로등을 만나다 · 103
모월 모일 · 104
독촉 · 105
엄지손가락의 쓸모 · 106

part. 4 풍경, 사유

혼란 · 109
종이비행기 · 110
자발적 고독 · 112
초점 · 114
나이테 속으로 · 116
튜브 · 118
섬 · 119
폭설 · 120
치명적 결론 · 122
낙조落照 · 124
스카이 미러 · 126
핸 인 핸 · 128
예기치 않은 눈부심 · 130
그 숲 · 132
달에게 · 133
가을 가뭄 · 134
숫돌이 칼에게 · 135
다시 적막 · 136

● 작품해설
일상과 사유, 물처럼 흘러가는
생명의 줄기에 대하여 — 정훈 · 139

● 시인의 말

시는 희귀한 기척이다

먼 빛으로 오는 설렘이다

소리도 형태도 없는

기묘한 놀람이다

2025년 8월

신 미 선

Shin misun

part. 1

동물, 곤충, 꽃

동백

묵언默言 중인 붉은 혓바닥

목숨을 놓는다

가부좌한 나무 사이로

햇살이 손을 내민다

달려온 일생

손을 포갠다

일순간의 꿈인가

법당의 경전인가

흩어진 뼈

추스른다

연둣빛을 물고 온 나비

무지갯빛이다
툭툭 불거진 꽃봉오리가 속삭이는
반송 꽃단지 앞

꽃나무가 줄지어 합창한다

나비의 입술에서 나온 꽃씨들
봄봄 외치며 햇살 속으로 흩어진다

밀리는 자동차
터키 행진곡을 듣는다

저마다 붉은 정원을 이고 나온다

장미 화분을 살까 말까 하는 사이
앞차를 줄줄 따라가는 봄

화분을 고르던 여자
검은 머리칼 쓸어내린다

아스팔트에 앉은 나비들의 머리핀

경적이 울리자
하르르 날아오른다

유리호프스와 키스하는 아침

싱싱하게 자라거라
또록또록 꽃망울 손등으로 쓸어준다
오늘은 배추흰나비쯤 사부작 다가와
노란 꽃 입술에 앉아 주었으면 싶어
창문을 빼꼼 열어둔다

그때 분명 들었는데
환청인 듯 기억 속에 남아있는 음성

아지매, 잘 살고 있네
허허

세상에나!

방충망에 척 달라붙어 웃고 있는
동굴에서 나온 커다란 박쥐처럼

천국으로 건너간 남자

자세히 쳐다보면 눈물이 고일까 봐
얼른 눈을 감았다
찰나를 생각한다

난다 긴다 하는 이도
미구에 어느 행성으로 사라질지 모르는
존재의 불가사의

다시 창문을 활짝 여는 순간
아무것도 보이지 않는 허공뿐인 고요

창밖으로 손을 내민다
내 안으로 들어온 햇살 꼭 쥐어본다
겨울바람이 꿈결처럼 지나간다

창문을 닫는다
몇 날 며칠 아파트 외벽을 칠하는 인부
외줄 타고 느리게 느리게 내려온다

* 유리호프스: 다육식물, 봄을 알리는 노란 꽃

초롱꽃

한 방울 이슬입니다
이파리 헤집는 바람의 손가락

나를 동여매는 덩굴손

담청색 물빛 속에 잠재운
씨억씨억 물살 가르는
침묵입니다

보랏빛 속내 별빛 속에 묻고
돌담 넘어가는 구름의 뒷모습

달무리도 요요夭夭한 밤
피죽새 울음마저 무섭습니다

매혹

빨간 리본의 블라우스를 입고
돌담 아래 서 있는 너

가시를 숨기고
오월 미풍에 빛나는 머리카락
맑은 눈 수정
은빛 귀걸이

홀로 눈부신 너

바구니에 담긴 제비꽃이 재잘재잘
새는 새들끼리 손잡고 놀러 간다

우리 집 애물단지
출근길 딸의 뾰로통한 입술

거울 속에서
장미가 피고 있다

빈집

개미는 생각한다
나의 한계는 어디까지인가
실오라기 빛조차 들어올 틈 없이
유폐된 집
모두 어디로 갔나
개미는 빠져나갈 힘이 없다

하늘은 푸르고 구름은 낮게 흐른다

적막에 갇힌 개미
숨이 막힌다
동료들은 어디서
하루의 노동을 견디고 있을까
이웃 병정개미들의 일터에 품앗이 갔을까
틈새 없는 집
언제 무너지나
가냘픈 존재

생의 방향은 언제든 바꿀 수 있어

틈을 찾으려 안간힘 쓰다가
다리 하나 부러졌다

너무 울었나보다
애터질 것 없는 생
두근거림이 사라졌다

개미는 생각한다
자유에 대한
상실에 대한
마지막 기도를 한다
그때 희미하게 들리는 초인종 소리
다시 문을 두드리는 소리
택배요 택배!
드디어 인간의 소리를 들었다
모든 사물이 선명해졌다

새장 안에는

잉꼬새 철수가 살고 있다
아내를 두 번이나 보내고도
너는 날마다 눈부시다
부서지는 햇살 틈으로 발을 쏘옥 내미는
죄 없는 너를
나는 몇 번 굶긴 적 있다

네가 뿌려놓은 연둣빛 솜털 사이로
말라 있는 제 똥을 쪼는 모습
지겹게 바라본 적도 있다

반야심경을 듣는다
나일론 신도인 내가 무서워
녀석의 꽁지보다
짧은 불경 한 줄이라도 읽어야
나일 것 같다

녀석은 죽은 듯 듣고 있다
득도하듯 오물거리는 입술이 여지껏
시공을 더듬거리고 있는
내 헛바람을 알겠노라 속삭인다
그 메아리에 베란다가 툭 트이고

나는 처음으로 너의 밥을 고봉으로 담는다

꽃상추를 커튼처럼 매달아준다
테이프 속에서 흐르는 물소리
녀석은 훌쩍 한 생을 건너간 제 짝을 생각할까
어느 때가 가장 눈물겨운지 몰랐던
너와 나
내 안의 항구에 불 밝혀주는 새가 있다

봉황동으로 날아간 새

그림 속의 여자
머리에 새를 이고 있다
청동 거미처럼 서 있다
새는 여자의 머리 위에 화인을 찍었나보다

잠을 자고 춤추며
간혹 새순이 돋기 시작하는 목련 나무를 본다
누군가 그녀를 몹시 사랑하고 간
갈색 머리 후리지아 향기에
발을 묻은 새

새는 턱을 괴고 눈을 반짝인다

새 집을 찾아야 해
인생이 지루해지기 전에
여자가 무너지기 전에
여자의 숲에서 뛰어내려야지

두려워 마라
여자의 새끼손가락이 새의 입술을 스친다
오늘 거기 갈까?
봉황을 만날지도 모를 그곳

그 옛날 황세 장군과 여이 낭자를 만날지도 몰라

햇살 한 줄기 난간을 세운다

일순간 액자 밖으로 날아간 새
갇힌 날개가 저리 높이 오르다니
둥지 한 바퀴쯤 선회할 줄 모르는 안면몰수

여자는 바라본다
새가 날아간 너머, 허공은 허공일 뿐
꽃잎 발자국이 걸어나온다

무명無明

늙은 개 치와와가 숨을 할딱거린다
꼿꼿하게 앉아 쳐다보는 눈
앞이 보이지 않는다는 걸
나는 알고 있다

처음 보는 균열

눈부처가 된 지 십육 년
사료도 잘 먹고 커피도 달게 먹는다

내 안에 담긴 네가 쉽게 떠나지 않을 거다

언제까지나 봄날인 줄 알았다

백화점에서 옷을 고르다
너의 죽음을 들었다
순간 화려한 옷들이 누더기로 변해
나를 친친 감아버렸다

토르소가 된 나는 섬이 되었다

개나리 피고
우리에게 낯선 순간이 왔다

봄볕 아래서 너는 고요하구나

법계法界의 물음에 답해줄 한마디
사랑합니다
우분투(uBunTu) 당신이 있기에 내가 있습니다

호랑나비 한 마리가

그 집은 잠겨 있다
여자는 한강의 물을 퍼 올려 목욕하고
동이 트면 외출을 한다

너무나 가벼운 여자
너의 행보가 궁금해

따스한 봄날
호피 무늬 치마를 끌며
영등포에 사는 땡벌한테 간대요
어느 땐 해종일 꽃술을 맴도는
벌새도 만난다는 산벚나무의 입방아

카키 섬 해변에 사는 소라게는
수시로 집을 바꾼대요
병뚜껑이다가
조개껍질이다가
비닐봉지였다가

산비탈엔 자욱한 안개
꿈결인 듯
숨결인 듯

호명할 수 없는 입술이
장미꽃에 붙들려 있다

벤자민은 옆으로 간다

더 이상 구름까지 닿을 순 없겠어

그의 목이 꺾일 때까지
신음 소릴 듣지 못했다
코를 골며 자는 동안
살려달라고 애원했을 것이다
피맺힌 손가락으로 SOS를 새겼을 것이다

노새 같은 뿌리는 화분을 꽉 깨물고 있다

비명도 질렀을 거야
잎들은 주먹을 내지르고
적막한 나의 내면을 깨우려
창문을 후려쳤을 거야

휘늘어진 머리카락
굽은 등에 쏟아지는 햇살을 쬐며
앵도라진 그는 중얼거린다

창밖의 자귀나무를 보세요
타오르는 깃털
연분홍 발톱

눈부신 태양의 페달을 밟고 달리고 싶어요

무너지는 내 모습
그댄 즐겁기만 한가요

풀밭에 뛰노는 한 마리 사슴처럼

어린 삼촌이 운다
할머니가 회초리를 든다
지휘봉처럼 휘두른다
허리춤에 매달린 삼촌이 악을 쓴다

없는 아버지를 찾는다
아리삼삼한 그 이름
탁본 같이 새겨진 마당귀를 잡고 겅중거린다

삼촌은 밀치고
할머니는 끌어안고
다시 밀치고 끌어당기고
같이 나동그라진다

세상에 없는 것만 조르는 삼촌

마당 한가운데로 내려온 햇살
줄지어 선 장독대 사이
접시꽃이 웃는다

간장 독에 뜬
한 송이 구름을 먹고

살아온 할머니

싸리나무 끝 고요한 하늘
오지 않는 새를 기다린다

대청마루에 누운 고른 숨결

망실망실한 얼굴 어루만지는
부지깽이 손

개, 몽타주

아스팔트 위에 누워 있는 개
분홍 잇몸을 드러낸 채
숨이 멎는 순간까지
웃고 있다

짧은 생을 예감한 듯
단서조차 지우려
마지막 외마디마저 깔고 누웠다

너의 노래는 사라지고
눈동자는 길 끝으로 기울었다
난폭한 차량을 추격하던 메아리
질주를 멈춘 그림자
미궁에 빠진 마지막 경적

차가운 바닥이 얼룩을 핥는다
구름이 회오리를 일으킨다
바람에 전단지가 찢기며 흩어진다

분노가 아니다
차디찬 투시력으로 세상을 버티는 거다

입술을 힘껏 벌린 채
적막의 한가운데 고인 햇빛이 환하다
흘러넘친다

가시고기

아들아, 나를 먹고 어서 자라거라
늑골 깊숙이 핏물 든 사랑을 뚫고
포박된 내 생애를 풀어다오

부서지기엔 당당한 내 어깨

물살에 베인 상처가 아리구나
연약하다 걱정 마라
구름처럼 부푼 꿈으로 세상을 버텨야 한다

지느러미 너울대며
가시 박힌 내 입속으로 들어오너라

응달진 쓸개를 가만히 쓸어다오

게워낼수록 끝이 없는
슬픔의 길
욕망의 암세포는 비켜 가거라

비애가 빠져나간 텅 빈 바다에서
마음껏 가시들의 꿈을 키우거라

너를 지킨 골목이 지워지고
한 번도 올려다본 적 없는 하늘길이 열린다

바닷새가 수평선을 물고 노는 저물녘
아비는 시한부 생을 놓는다

석류

램프에 불이 켜졌다

숲속의 요정들

노래를 멈추었다

그리고

아무 일도 없었다

찰나

순식간이다

요동치는 바람에
새들이 숨을 곳을 찾는다
산책로를 걷는 사람들이 멈추어 선다

바람의 기습에
옷자락을 여미는 순간
맴돌던 바람이 잠잠해진다

도대체 성질 급한
그 바람은 어디로 갔을까

자리 다툼할 틈 없이
서로 길을 열어주는 연지공원 광장

튤립이 손을 내민다
벚꽃이 흩날린다

사선 밖으로 도망가는 바둑알처럼
삶의 소용돌이가 저렇게 짧구나

part. 2

인물

관음송
- 단종의 소나무

오늘은 너의 어깨에 걸터앉아 시를 쓴다
내일은 노산대 바위에 올라
내 슬픈 피의 문신을 새기련다

단칼에 잘린 해는 없을 터

능선에 걸린 햇살 이울지 못해
나보다 먼저 목을 매는구나

청령포 굽이굽이
숨어있는 불안, 가을 해는 눈치도 없이 집으로 간다

유령처럼 늘어선 소나무야
가슴 속 뜨거운 수액 푸른 솔에 적신다

동강아 말해다오
저 푸른 물결은 한양으로 흘러가는가
애틋하구나 내 님의 눈물을 씻어다오

짧은 생의 혼불이여
붉은 눈을 씻는 두견새여
새하얀 달이 봉분 위에 앉았다
관음송 한 그루 달의 숨결을 어루만진다

세기말 에피소드

칸트 : 안녕하시오 괴테 선생
괴테 : 오 반갑구려 칸트 선생

칸트 : 당신의 악수는 전투적이오

괴테 : 선생은 어제 본 꼴이 아니오
　　　이마에 철학이 묻어있어요
　　　은자처럼 깊은 얼굴은 비현실적이오

칸트 : 머리가 지끈거리오 선생
　　　그 많은 이불은 어떻게 하셨소
　　　요즘 하늘은 당신의 이불인지 구름인지
　　　이불 가장자리로 산책하기란 재미가 없단 말이오

괴테 : 칸트 선생 골똘한 척 마시오
　　　우물쭈물 하다가 멋진 생은 겨드랑이 사이로 흘러가 버린다오
　　　이불은 잘 말렸으니 맘껏 푸른 하늘을 볼 것이오
　　　손수 가꾼 채소정원도 보여드리겠소

칸트 : 잘난 척 마시오
　　　이불 말리고 채소 가꾸며 공부는 언제 하시는지

괴테 : 화내지 마시오
　　　우리는 지랄 총량이 끝난 영혼들
　　　아스파라거스 민들레 샐러드와 기막힌 와인을 대접
　　　하리다

　　　카르페디엠!
　　　마스크는 벗어버리고 우리 건배합시다
　　　단테가 모셔다 놓은 지옥계 난간, 명상에 잠긴 소크라
　　　테스 선생을 부릅시다

칸트 : 오, 매우 반가운 일이오
　　　흠흠

석계공원묘지

봉분은 파종된 씨앗을 품고 있다
부풀어있다
묘지 사이로 바람과 햇살이 넘나든다

느릅나무 잎사귀가 퍼올린 흙의 숨결

아버지의 집을 두드린다
아버지의 등은 지금도 따뜻하다
솔바람 뿌려놓은 소롯길
아버지와 손잡고 걸어간다
무슬림 묘지까지 걸어갈까요

애야, 저 고요 속이 따뜻해

해를 품고 살아라
생이 따숩단다

꽃노을 속으로 아버지 사라진다

뜨거운 피를 쏟고 간 태양은 달을 파먹고 더 뜨거워졌나
호랑가시나무가 퍼뜨린 씨앗은 포자로 흩어지고

가보지 못한 길
고대인이 떠난 길
따스한 찐빵처럼 모여산다

신호위반

횡단보도 앞
무표정이 질서정연하다

신호가 바뀐다

사람들이 왼쪽으로 몰려간다
횡단보도 지나서
오른쪽으로 방향을 잡는다
푸른 불빛을 잡고 달음질친다

붉은 신호등을 따라간다
붉은 신호등이 계속 깜박거린다

아버지가 쓰러졌다
멈추거라, 붉은 풍경은 위험해
아버지의 목소리가 앞지른다

별들을 반기는 곳

낙원이든 지옥이든 닿기 위해 달린다
아버지를 버리고
삼십 년을 달려왔다

보인다
저만치서 안개 기둥에
못질하는 아버지
떠나는 노을의 목젖을 보았다

오직 사랑뿐

얌전히 익어가는 여자
바다를 포기한 은빛 살결의 속삭임
한 번도 배불러 본 적 없는
허리의 지순함, 어머니

유연한 등뼈를 휘감는 초여름 햇살이 뜨겁다

어서 오이소
잘 가이소
자갈치 시장의 좌판은 분주하다
비릿한 냄새
구수한 냄새
시큼한 냄새

웃음으로 덥석 한 생을 내어주는 떨이

오가는 손과 손
바글바글한 소리
어미 눈썹 떼어 날개를 달고 내려온 구름도 더덩실

짭조름한 갈치구이가 저녁 밥상에 오르고
왕성한 식욕

동생들의 손가락이 꼬물거린다

뜨실 때 어여 먹거라
큰 손 어머니가 갈치 살을 뜯는다
노르스름하고 도톰한
그 깊은 사랑
잠깐,
뽀얀 속살을 그렇게 뜯어 발기다니요

작약, 조붓한 꽃잎의 떨림

흰 꽃이 웃고 있어요
손 흔들며 나비를 불러요

오륜대 오리고기 마을에 왔거든요

연분홍 리본이 노래해요
햇살 한 조각 만지작거리며 오고 있어요

달콤한 꽃바람
풀벌레도 한 입

어린 쑥은 배꼽이 간지러운가 봐요
들판을 견디기 부끄럽대요

설핏, 어른거리는 꽃시절의 어머니
―네 잎은 푸르고 내 잎은 지네
나직한 목소리 들려와요

병아리 발 적시는
먼 개울가 시냇물 소리

해가 떠난 곳으로 귀 기울이며
피어있는 한 송이

—어머니 왜 거기 계세요

스무 살의 표류기

급기야 석가께서 죽비를 내리쳤네
절집 목어들 일제히 눈을 떴네
나를 예배의 대상으로 삼지 말라

중이 되려면 네 창자를 비워라
큰 원을 세우라 하셨네

뱃속이 텅 빈 나

해가 골짜기를 덮을 때
저녁 예불을 마친 등잔불이 천수경을 읽었네

스스로 찾아온 길을 잊어버려라
뜻 모를 경전을 외웠네

법당 꽃살문에 스며든
스무 살 붉은 입술이 시들어가네

대숲에 머뭇거리는 바람
지창 밖까지 따라와 옷자락 흔들고
시렁에 고인 달도 길을 떠나네

시공을 초월한 그 무엇,

나는 어둠 속에서 짐승처럼 울었네

장삼을 걸치긴 글렀네
가부좌한 산이 나를 밀어내었네

까꿍, 옥자 씨

그저 산다는 것이 고마울 뿐
새벽마다 불국사를 향해 합장합니다

경주 외동마을에 사는 옥자 씨
천년을 달려온 말발굽 소리 들으며
들판 곳곳 꿈나무를 심었습니다

유황오리, 상황버섯, 씀바귀로 암 투병 중인 남편을 살렸답니다.

병석에서 일어난 영감님의 소식에
담당 의사는 새 논문을 쓰게 되었답니다

보험회사 37년 근무한 옥자 씨
새벽 기차를 타고 부산으로 출근합니다

한때 탄탄한 직장에 근사했던 영감님
기차에서 읽은 책이 수십 권인 옥자 씨

어이, 그만 쉬게나
휴일 한낮
팔 걷어붙이고 경운기를 모는 옥자 씨

천오백 평 땅에 소 두 마리와 일군 채소 농사
초록초록 날마다 천국입니다

이웃끼리 나눠 먹는 기쁨은 두 배랍니다

옥자 씨 아기가 되어
까꿍.
그렇게 까꿍 살고 있답니다.

최만수 씨

그는 당감동 시장에서 호떡을 굽는다
빙그레 웃음 하나가 재산이다
상대를 칭찬할 때는 어눌한 말투
덧니 사이로 침이 고이거나 흐르기도 한다
그 모습이 진짜 사나이다

십 년 전 목수 일을 할 때도 그랬다
굵직굵직한 건물이 그의 손에서 완성될 때
늘 겸손하게 사람을 대했다
부하직원에게도 친절하며
나직하게, 작아져가는 만수씨
내로라하는 사상 구포지역 장돌뱅이들
그의 만만치 않은 이력 앞에서 굽신거려도
그는 겨웁도록 자신을 낮추었다

오늘도 가게 앞엔 줄을 선다
목수 일을 접고 서울에서 호떡 비법을 전수받은 그
호떡을 구울 때는 허리가 꼿꼿해지고 눈빛이 단호하다
때로는 호떡을 손끝으로 빙그르르 돌리기도 한다
마치 비행접시가 떠 있는 듯 묘기를 보여준다

버터에 구운 호떡은 싫어
나는 그와 눈이 마주칠까
고개를 돌리고 그 앞을 지나간다

장자 풍으로

노인정에서 열리는 장날
덤프트럭에 실린 양파와 열무가 싱싱하다
사람들의 팔이 채소를 향해 쭉 늘어진다
과일전 앞에는 노란 수박도 보인다
신기한 듯 사람들이 손가락으로 튕겨본다

사과를 고른다
여름 사과가 뭐 그리 맛있을까
작고 따글따글한 사과를 바구니에 담고 일어선다
옆에서 고르던 여자가 중얼거린다
좋은 것 골라가고 사과 같은 게 없네

여름 사과는 살이 푸실하니까 작고 야문 것을 고르세요
여자가 새침하게 쳐다본다
사과를 만지작거리다 그냥 가는 사람도 있다

-사과 세일!
외치던 주인
이 광경을 멀뚱히 바라보더니
그 말 맞아요

나는 값을 치르면서 여자를 본다
그녀 역시 큰 사과 속에 섞인 알돌 같은 사과를 골라낸다

나는 속으로 말한다
피차 분별이란 없는 것

땡볕 아래서 사과 장수 기운 **빠**지도록
네 것이 크네
내 것이 작네

자매

어제는
네가 한 말이 옳았어

오늘은
내가 한 말이 맞다고 생각해

비좁은 식당에서
칼국수를 먹다가

우리는 똑같이
씨익 웃는다

국수 몇 가닥
오고 간다

조지훈 풍으로

앞서가는 이의 등에
가슴 저리면
그도 분명
울음을 삼킬 터이다

뒤돌아 바람 안은 모습
보이기 싫으면
세상이 울렁거리도록 뛰어갈 일이다

이별은 싱거운 것

파르라니 잎새 끝의 연민
먼 훗날
싹 틔울 몸짓의 시작일 테니

행복사진관

모두 웃읍시다 웃고요
목을 창밖으로 돌리고 있는 해바라기
배경에서 잘려요
사진사가 검은 보자기를 둘러쓴다

근심 없는 얼굴들
조리개 안으로 모여든다
사진기 앞에서 숨을 고를 때
일렬횡대로 몰려오는 추억

앨범 속, 수염을 날리며 걸어나오는 할아버지
그래그래 다 모였구나

손가락으로 하트를 그리는 사진사
팔순 노모의 주름살이 펴진다
가구 같은 식솔들 어깨를 포갠다
얼굴 위에 얼굴이 피라미드를 만든다

아슬아슬한 사랑

노을이 슬쩍 끼어들고
가만히 창문을 닫고 가는 바람
아들 손자 며느리
화르르 무너지는,

눈물의 여로
- 체로키의 마지막 행렬

우리는 켄터키를 지나
미시시피강을 건너 오클라호마로 간다

추방당한 인디언의 대이동
씻지 못할 굴욕이 일렬종대로 걸어간다
우리가 거절한 빈 마차가 노새처럼 따라온다

야유를 보내는 백인들

황금에 눈이 먼 약탈자의 채찍에
아내를, 누이를, 어머니를 안고 쓰러져갔다
추위와 배고픔 속에서
남은 자 묵묵히 걸어갈 뿐

그들이 원하는 건 우리의 영혼이다

살을 찢는 아픔이 지나가고
슬픔이 노을에 물드는 순간
신의 품에 안긴 "붉은날개" 증조할머니
먼 숲에서 문상하듯 비둘기 운다

체로키 인디언의 증손자
"작은나무" 소설가*는 그렇게 태어났다

야유하던 백인들 급기야 눈물을 흘린다

몇천 리 달려온 바람 "검은딸기"
휘날리는 머리채로 허공에 기록한다
체로키는 백인의 조상이다
사람아 어디로 가는가

* 포리스트 카터(미국): 내 영혼이 따뜻했던 날들의 저자(반자전적 소설)

오월

나는 모든 사물의 인질이다
공원 벤치에 앉아 시를 쓴다
물오른 것들의 맨 처음을 봄이라 쓴다

신록이 다가와 장미 한 송이 건넨다
장미의 빨간 손톱이 뾰족하다

세상은 꽃 천지
날개를 단 글자들 비눗방울처럼 부풀어 오른다
물관을 빠져나온 연두의 이파리도
저요저요
품고 싶은 봄의 새끼들이 재잘대며 풍경을 밀고 간다

사색의 지느러미를 당긴다

생의 궤적은 미친 듯 기록하는 자의 완성이다
죽어서도 살아있는 연금술사
지금의 느낌표를 사막의 모래 위에 그리고 싶다

내 마음의 사막에도 바람은 분다

문득 어린 왕자를 만날 것 같은 예감
미풍이 벌써 내가 담겨 있는 동선을 옮겨버렸다

도시에서 실종된 나는
기나긴 사막의 목소리를 듣는다
천년만년 쓰고 쓰자 소리쳐 본다

봄볕은 납치범의 흉상을 삭제해버렸다

장미꽃 속에서 붉은여우꼬리의 입술이
뭐라 뭐라고 속삭인다

구름에게 물어봐

다채로운 그림쟁이 구름아
베란다에 서있는 이 지독한 적막을
어느 행성까지 끌고 갈 것이냐
애터지게 바라보아도
그 자리가 그 자리인 하늘

전환이 필요해

새를 그리다가 늑대를
독수리를 그리다가
긴 손톱으로 내 눈을 찌르기도

너의 연출은 유연해

은쟁반에 담긴 아이스크림
그리고 백설기
별들의 간섭에 쏟아버리지만
그 자리엔 라일락 해바라기가 핀다

너의 감각은 녹슬지 않아

이사도라 던컨이 춤을 춘다
기다란 분홍 스카프가 너울너울
뽀얀 맨발의 우아한 춤사위
코발트빛 스크린 속에서
원도 한도 없이 춤추는 여자 던컨

너의 그림이 영영 멈춰버린다면
넌 지워지지 않는 얼룩일 뿐이지

무한한 퍼포먼스
나는 지루하지 않아서 살만해
창문을 닫아야겠다

염원

거리는 불빛이 넘친다
카페마다 빽빽한 젊음이 웃고 마시며
창밖의 풍경을 주시한다
남녀노소 민주화를 외치는 소리

가족들과 생일 스테이크를 먹고 거리로 나왔다
군중의 함성
질서정연한 시위 속에 합류한다

카페 거리에서 도서관 앞까지
12월의 밤바람은 매섭게 뺨을 때린다
뜨거운 커피 한잔이 간절해지는 밤
무리에서 빠져나가기 거북한 촘촘한 행렬
발을 밟히기도 하며 따라간다

전포동 거리의 화려한 불빛이 크리스마스를 기다린다

다시 발을 맞추며 걷는다
훈이가 어쩌지 어쩌지 하며 발을 맞춘다
어린 것이 나라 걱정을 한다
찬 손을 꼭 잡고 걷는다

언제나 익숙한 거리

도서관 앞에서 행렬이 멈추고
우리는 무리에서 빠져나왔다

그랬으면 좋겠다
이쪽저쪽 어깨 나누며 가는,

집으로 가던 중, 나는 새 구두코가 무사한가 살펴본다

오랜만에

그는 작업실 컴퓨터 앞에 있다
나는 거실 컴퓨터 앞에 있다

그는 뽀샵을 한다
나는 슈베르트의 송어를 들으며
시를 쓴다

그와 나 사이
잔기침

그와 나 사이
과자 씹는 소리

전화가 왔다

거실로 나온 그가
손가락 하트를 그린다
그의 어깨에 기대본다

전화 속 누군가 문을 닫고 간다

커피잔 속에 별이 떠 있다
우주선을 탔다

불안

기쁨과 슬픔 사이로 들어온다

소름을 데리고 온다

나는 게으름과 친하다

클래식 음악을 듣고

커피 마시고

멍 때리고

이웃 나라의 전쟁 걱정만 하다가

책을 버리고 집을 나선다

거리에 넘치는 햇빛 꽃과 나무

새들과 정처 없이 놀다가

해 떨어지면

나는 슬픔 속으로 들어간다

슬픔을 지그시 어루만지면 촉기가 생긴다

오래된 위안이다

장미꽃 속에서 붉은여우꼬리의 입술이

뭐라 뭐라고 속삭인다

- 시 「오월」에서

part. 3

일상

언약

메아리를 쫓아간 누군가
저 숲에 있다

첫 이슬에 잠이 깬 풀잎
떨리는 어깨를 보았다

낙엽이 떨군 파문 따라
물속으로 스며드는 풀벌레의 노랫소리

해는 산의 그림자만 세워놓고 갔다

물속에서 떠오르는 얼굴
연서 첫 구절에서 본 웃음
가라앉는다

구겨진 첫 편지가 피어오른다

손끝에서 부푸는 햇살
한 마리 새가 파닥거린다
날아오른다

눈부신 마지막 음절을 지우는
분홍 리본의 여자

검은 배

억장 무너지는 갈매기
팽목항 어귀를 선회한다
신화처럼 떠난 꿈나무
어디로 갔니 아이야
어둠은 바삐 오는데
죽음의 대열에서 살아난 새들은
입술을 깨물고 잠든다

아이야
가보지 못한 천국이 있다
극락조 뻑뻑뻑 우는 거기
아마존의 숲으로 가자
햇살과 손잡고
입 다문 어린 새들을 불러내자

들리느냐
야자수 잎사귀를 뚫고 나온
숲의 흐느낌
풀벌레 노랫소리와
아기 코끼리가 반겨줄지도 몰라

보고 있니
다정했던 어깨동무
허공에 걸쳐둔 채
슬픈 별이 된
너의 눈동자

영차, 으라차차

결승전을 끌어당기는 참새들의 맨발이 숨차다
가을 운동회가 금싸라기 아이들을 햇살 속에 풀어놓는다

퍼즐을 만드는 꿈들이 풍선을 타고 오른다
말갛게 익어가는 구름을 잡는다

세상 깊숙이 파묻힌 아빠
오늘만은 일 나간 엄마의 빈 자리 꼭꼭 채워준다

달리기에 땀 흘리는 꿈나무
장거리 욕심은 위험해

할머니 할아버지도 영차 어영차
줄다리기에 매달린다
주저앉다가 다시 끌어당기는 안간힘
운동장엔 웃음과 함성으로 부풀어오른다

쉬엄쉬엄 살아야 해
땀 흘리는 아빠의 얼굴이 벌겋게 달아오른다

주소 없는 전보가 깃발이다

승자의 함성이 블록 담 밖으로 부서진다
바람을 이겨낸 나무
만세삼창 춤을 춘다
먼 산이 들국화 안고 달려오는
가을빛 한낮

기도

파리의 변두리, 허름한 아파트에 불이 났습니다. 피신해 내려온 사람들이 웅성거립니다. 5층 발코니에서 아이가 울고 있습니다. 펄럭이는 바람의 치마에 불이 옮겨붙습니다. 바람이 뜨거워집니다. 아이의 아빠는 필사적입니다. 뛰어내려! 아이는 더욱 크게 웁니다. 매트리스가 깔린 바닥, 사람들이 팔을 벌리고 매트리스 주변을 에워쌉니다. 아빠는 아이를 향해 팔을 벌립니다. 사람들이 일제히 올려다보는 그때, 울던 아이가 아빠의 품속으로 뛰어내립니다. 중력에 이끌린 사람들이 붕새처럼 허공으로 날아오릅니다. 잠시 숨이 멎습니다. 이때 불길을 지켜보던 나그네, 쇠붉은뺨멧새가 옷자락을 털며 길을 떠납니다.

일만 원

사상 전철역 사람들이 가랑잎같이 흩어져 나온다 할머니 한 분 계단으로 올라온다 폐지 보따리를 안고 올라온다 한 남자가 할머니를 밀치고 급히 빠져나간다 할머니가 흩어진 폐지를 줍는다 찬바람이 스치고 뒹구는 폐지를 따라가는 할머니 폐지는 할머니의 일용할 양식 그때, 계단을 내려가던 젊은 여자가 묻는다 할머니 이걸 팔면 얼마 받아요? 할머니는 말없이 폐지를 묶는다 흐르는 별도 가슴으로 끌어안아야 꿈이 된다는 듯 할머니는 보따리를 다시 묶어 든다 여자가 지폐 몇 장 할머니의 손에 쥐여주고 황급히 계단을 오른다 새댁, 뭘 이리 많이 주노 뒤돌아 보는 그녀 나는 주머니 속 만원 한 장을 만지작거린다 전동차가 달려온다

춤추는 난쟁이

오즈의 마법사로 분장한 난쟁이가 천정으로 사과를 던진다

번쩍이는 단검
쏘아 올린 사과를 단숨에 자른다
순식간에 사과의 양면이 드러난다
관객들의 눈이 허공에 멈춰있다

저리 쉽게 중심을 가르기란
끝없는 연마로 가파른 언덕을 넘어왔을 것이다
곡예사들의 춤은 멈추지 않는다

그네 타기, 날아오르는 비둘기, 도미노게임처럼 이어지는 묘기
와와 일어서는 함성
이 순간 그들은 인생의 주역이다

무대에 올려진 삶은 그들의 것
몇 겹의 얼굴을 쓰고 무대에 설 때
심장은 박동한다
무대를 내려가는 순간 그들은 없다
이곳은 잠시 지나가는 여정
그들에게 무대는 간이역이다

기한을 마친 묘기는 철거되고 철길을 타고 길은 흘러간다

분장을 지운 여자의 얼굴에서
유랑이라는 말을 읽었다

땀일까 눈물일까
수심가 한가락 뽑는 피리 소리
낮게 훌쩍이는 불빛 너머 누군가 떠나고 있다

봄밤

간호사실 옆 5층 엘리베이터가 떨어졌다
살려 달라는 가느다란 여자의 목소리
늦은 밤이었다
119구조대가 달려오고
병실 문 밖으로 궁금증이 모여든다

구조원이 손전등을 비추며
지하로 밧줄을 끌어내린다
침묵이 흐른다
바라보는 간절한 눈

엊그제 이 복도로 두 번의 죽음이 지나갔다

누군가 초조한 듯 시계를 들여다보고
구조원끼리 뭔가 속삭이며 갸웃거린다

창밖엔 꽃비 맞은 나무가 촉촉하다
함초롬한 장미도 입술을 적시고 있다

밧줄이 연신 오르내리는 사이
복도엔 적막이 가득하다
이윽고 구조대원에게 안겨 나오는 여자

쓰레기를 버리려다 쓰레기에 묻혀
구조된 식당 아주머니
무사해서 다행입니다
낯선 이들이 쳐다보며 박수를 보낸다
복도가 환하게 열린다

복면

측백 나뭇가지에 걸려있다
검은 비닐봉지는 바람이 불 때마다
등을 구부렸다 편다
같은 동작이다
팔락팔락 비명도 지른다

어디로 가야 한다는 생각도 놓은 듯
다리를 뻗지 못한다

단숨에 뛰어내리면 될 텐데
닿기엔 아득하다

도망이라는 말을 잊은 지 오래된 혀
텅 빈 머릿속엔 칼바람만 드나들 뿐
공중의 새들도 구름을 지우고 갔다

바람과의 싸움
매복은 폭풍을 기다린다

발작을 한다
녹슨 혀로 외쳐야지
낯선 이의 얼굴도 어루만져야지

따스한 손이 새벽 창문을 열기 전에

헛도는 세상의 비음을 듣는다

바람이 죽으면 어둠 덩어리인 채
별들이 하는 사색이다

바람이 분다
검객이 일어선다
칼은 달빛이 남긴 표적을 쫓아간다
휘릭!
검은 얼굴이 사라졌다

저수지

시커먼 눈
멀리서 보면 잔잔한 듯
시치미 떼는 눈
홀로 지나가기엔 머리가 쭈뼛해 지는 눈
햇살 환한 어느 날
너의 가장자리에 발을 적셨다
일순간 칼날의 눈 속으로
빨려 들어갔다

왜 범죄의 실마리는 너의 심장에서 발견되니
죽느냐 사느냐
찰나를 번개같이 알아차려야 했다

소나무 주변에 아이들 소리 들리고
실바람 소살소살 잔물결 일으키니
구름 한 송이 뽀얀 종아리를 적신다
금세 윤슬로 반짝이는
너의 눈

땅이 아니면 밟지 마라
할머니의 외마디 들려온다

순간에서 영원으로
수장 될 뻔한
내 생을 건져 준
물의 핏줄

하이재킹

중년의 남자가 가죽장갑 낀 손을 탁탁 친다
전동차 안의 졸린 눈들이 화들짝

왜 보는 거야!
앞에 선 모녀에게 거칠게 말을 뱉는다
보긴 누가 봤어
여자의 까칠한 대답
순간 남자의 검은 손이 부르르 떨린다
여자가 별안간 남자의 멱살을 움켜쥔다
딸도 거들다가 머리채를 잡혔다
모두 번개다

말리는 몇몇 사람은 호의적이나 망설인다
남자는 씩씩거리며 눈을 부라린다
오후 4시였다

웅성거리는 승객들
한 사람이 휴대폰으로 신고를 한다
노포동에서 연산역까지
승객들은 남자의 포로가 되었다

서로 밀치고 넘어지고 뜯기고
순식간에 망가지고 있다
한편의 괴기영화다

기묘한 장면을 싣고 전동차는 달릴 뿐

수습하기엔 내 주먹은 작고 어이가 없다

다음 역에서 경찰이 이들을 끌어냈다
여자가 소리친다
누구 증언 좀 해주세요, 제발요
문이 닫혔다
모두 조용하다

논스톱

미치기 좋은 날씨군
술 취한 그가 시동을 켠다
대리운전을 무시한 채
심야의 자갈치 시장을 빠져나온다

그는 무슨 일이든 순식간이다
논스톱 논스톱 논스톱

그를 믿기로 했다

좌천동 가구 거리가 유령처럼 펄럭인다
경찰도 없다

영화 속 남자 주인공이 연인을 만나러 가던 중
차가 뒤집히는 장면이 오버랩되는 순간

내려줘!

하지만 그는 속도에 열중할 뿐
평원을 달리는 징키스칸의 속도를 흉내라도 내려는지
달린다

나는 명료해진다

그는 생의 내리막길을 향해
사라지는 스릴을 꿈꿀 것이다
논스톱 논스톱 논스톱

저 거침없는 사랑

밤하늘을 날아오를지도 몰라
나는 생에게 간절히 매달린다
창밖의 풍경 속으로 뛰어든다

동창회

실내엔 백만 송이 장미라는 음악이 흐르고 있다
화분에 담긴 제라늄과 눈을 맞춘다
일행을 기다리며 어둠 한 송이 벽에 건다

봄이 세 번 지나도록
떠오르지 않는 목련나무는
잊힌 악보

오랜만에 서로의 안부를 묻고
이쁘다 젊어졌다 칭찬도 주고받고
주식, 물가안정, 근심도 비슷하게 늙어간다

보톡스 레이저가 있잖아
성형외과 피부과를 꽉 잡고 있으면
늙지 않는다니, 솔깃해진다

샹데리아 불빛 아래
지루함을 견디고 선 야자수 잎사귀
우리는 꺼질 줄 모르는 산불을 걱정하다가

비타민도 나눠 먹고 건배를 한다
입술에 묻은 말의 속살에도 거품이 있다

붕붕 띄우는 너의 말
네가 최고야 하는 나의 말

해마다 목련이 피면
이민 간 친구 복련이가 떠오른다

언제까지나 우렁찬 마이크
뒷담화에 퍼즐을 맞추는 나비
이쯤에서 상투적인 웃음은 접어야겠다

거미줄

거울을 향해
던졌다

유리 조각은
튀지 않았다

얼굴의 주름
엉켜있다

가로등을 만나다

별들은 추억의 뒤편으로
나를 끌어들인다

나는 그들의 기억에서
외눈박이 등불이 된다

넌 시시해

몇 해가 지나
깨진 약속을 안고
돌아온 안개

다시 손을 포갠다

아스팔트 틈새로 핀
민들레, 뽀리뱅이 잠들 무렵
어깨 걸고 떠난 구름

해가 뜨고서야
눈 감는
나는 그들의 루머다

모월 모일

돌아와 몸 눕힐
방 한 칸 있네

밭이랑 사이를 좇는 발자국
싸리문에 기대어 머뭇거리네

토담 벽을 지키는 지게
하루를 털어내고 있네

섬돌 위 검정 고무신

바람은 잠들고
달빛은 하얀 눈썹 휘날리네

삼경三更을 이우는 등잔불의 춤사위

치마끈 풀어
키보다 긴 숨결로 눕네

독촉

—파산한 뒤 찌끄러깁니다

나머지라는 말도 있을 텐데

공탁계 담당 직원이 묻는다
혹여 남은 재산이 있을 때
어찌할 것인지요

포기합니다

받을 액수는 십팔만 구천 원입니다

초여름 바람에 실려 온 엽서
돈을,
제발 돈을 찾아가시오

엄지손가락의 쓸모

바닥 난 치약을 누르는 코브라의 머리

독수리 오 형제의 맏형

범인의 목덜미를 누르는 힘센 우두머리

돈을 셀 때 초스피드로 질주하는 은행원의 자전거

아기가 심심할 때 쪽쪽거리는 젖꼭지

눈물을 훔칠 때

나의 속눈썹을 달래주는 센스쟁이

part. 4

풍경, 사유

혼란

폭포를 만나다
정교한 칼날

잠시도 가벼워질 수 없는 불꽃
뼛속까지 젖어 들 텐가

날카로운 장단에
달빛 깎는 소리

다투어 오르는 물보라
파동에 속살 떠는 순록

생은 폭발한다

직립의 오열 앞에서
휘모리에 모여드는 눈

물속 응달은
누군가의 침몰을 기다린다

종이비행기

출발은 단호하다
직선이 곡선을 피해 비상한다

생의 절반이 담긴 땅을 떠나 더 높이 날개를 편다면

예기치 못한 바람을 만날지도 몰라
이처럼 설레는 예감
은자처럼 깊은 구름일까
화성을 떠난 별일까

떠나간 것들에 슬퍼한 기억도 오늘만은 허공에 흑점으로
남겨두자

오를수록 가벼워지는 날개
붙잡을 건 네 마음이란다
새들이 혼잣말을 하고 지나간다

그때 보았다
마치 삶의 의문에 답하듯
엉키고 엉켜 뒹굴다가 유순히 풀어놓는 실안개
얽히고 얽힌 매듭이란 얼마나 뜨거운 결속인가

수많은 커브를 돌다 보면
유쾌한 착지는 어렵더라구요
슬슬 용기가 떨어지거든요
상승과 하강
부서진 날개에서 잉크 냄새가 나네요
뭇별이 밑그림을 그려준 하늘을 보면
절망이니 추락이니 하는 낱말을 쓸 순 없잖아요

자발적 고독

달에게 흘러가는 오류다

슈베르트의 겨울 나그네
듣는다

애잔한 멜로디
뼛속까지 파고드는 선율
비애가 혀에 물리는 어둠 속 리듬

달콤한 와인의 향기

은율이 슬픔을 부를수록 정신은 생기를 띤다
공간에 깔린 침묵조차 관통할 수 없는
나약한 유리잔에
모네의 수련 한 송이 띄운다

이토록 경이로운 전율, 연민
입술로 전할 수 없어
밤의 꽃다발을 어루만질 뿐

생의 뒤편에 도사린 아련함이
나를 증명한다

차가운 하늘
눈만 껌벅이는 별들이
음계의 층계를 밟고 애도하러 온다

야윈 까마귀야 음악은 멈추지 않아
아픈 내 심장을 줄 수가 없다
아침이 오니까

초점

벚꽃 피었네
중얼거리며 무심히 지나갔을 때
몰랐다
반쯤 핀 꽃도
저리 곱다는 걸
반쪽씩 나눠 먹는 빵이 더 맛있다는 걸

구포 둑 벚꽃길
새들이 잎을 물고 노는 순간
이쪽 저쪽으로 옮겨갈 때마다
잔물결로 숨을 토하는
이파리의 떨림

이쪽과 저쪽 사이
핏발 선 경계 속에
코를 박고 싶은 새
꽃비가 적셔 주려나

먼 거리에서 바라본다

등 뒤에서 달려오는 기척
생의 진동

꽃잎을 헤아리다 놀란 실바람
내 안에서 팡팡
폭죽 터지는 소리

나이테 속으로

소처럼 서있는 소나무
너의 꼭대기까지 올라갈 수 없어
도끼를 든다

누군가 나보다 먼저
내리쳤을 거다

풀벌레 달아나고
축축한 달빛이
나무의 목을 누르는 동안
먹구름은 움켜쥔 별들을 우두두 쏟아낸다
반짝이는 섬광이
나무의 숨결마다 스며든다

달빛도 피를 흘리는 지금
어느 집 창가엔
잠들지 못한 영혼 몇
숨을 곳을 찾는다

메아리의 환청이 창공에 떠있다
호랑이 발톱처럼
뾰족한 서사에 찔린 사람들

편백나무 숲속으로 뛰어간다

숲을 기억하는 몽상가들이 잠들 무렵
광인은 눈을 뜬다

도끼를 쳐드는 것은 허공을 향한
나약한 자의 고백이다
생의 허방을 향해 다시 내리친다
결마다 숨 쉬는 새들의 노랫소리
잘려도 나무다 라고 말하는
나를 향한 물음표다

튜브

붕붕 뜨고 싶은

항변하고 싶은

지루함을 던지고 싶은

활활 타오르고

물구나무 서고

너를 가두고

용서를 빌고 싶은

수평선에 닿고 싶은

튜브 튜브 튜브

섬

먼 곳을 가네

가방 하나 매고
잡동사니의 굴레쯤 털어버리고

마르지 않은 나무의 수액과 입 맞추며
구르는 잔돌의 시샘도 밟으며 가네

저만치
유유한 포말의 잎사귀
수면 위로 흐르는 물구슬
갈매기의 눈망울을 마주한

생의 두근거림
처음을 만나러 가네

폭설

눈이 내린다
용을 쓰며 내린다
네가 먼저
내가 먼저
기를 쓰고 퍼붓는다
눈 위에 눈
바닥에 깔린 눈은 어쩌라고
퍼붓는가
다시 눈 위에 눈
포개지며 쑥쑥 자라는 눈
이렇게 쌓이다가
먼저 깔린 눈이
단단해지면
눈은 제멋대로 피라미드를 만든다
마음 놓고 쌓이고 쌓여
하늘까지 역류할지도 몰라
어여쁜 동물들은 어느 왕국에서 눈만 퍼먹고 살까

철책으로 군인 간 아들
이놈의 눈 징글징글한 눈
동상에 걸린 손으로 삽질을 한다
학교 가는 길이 막혀서 더욱 신나는 봉하마을 오병이는

눈을 뒤집어쓴 채 썰매를 타다가
눈사람이 되었다
어느 날 해를 만나면
눈 녹듯 사라지는 꿈

한때 살얼음이었던
너와 나의 마음도 봄눈 녹듯 화사한데
참 겁도 없이 내리기만 하네

치명적 결론

누우는 알고 있다
자신이 출발한 간극이
벌써 어긋나 있다는 걸

애초에 속도라는 굴레로부터
자유롭지 못한
우리의 비애

어둠이 오고
허기는 맹렬하다

사자는 움직임이 없는 한 곳을 집중한다

곧 자신의 먹이가 될 포로
찰나에 너의 숨통을 끊는 것
누우에 대한 예의다

그러나 사자의 먹이가 되는 것이 당연한 것은 아니다
보장된 착취나 사냥은 없기에

누우는 움직임을 멈춘 채, 항거하듯
어둠을 응시한다.

기미를 차린 누우가 커브를 돈다

순간 사자의 아가리가 곡예를 하듯 돌다가 치솟고
주변은 적막하다

급소에 박혀 있는 이빨
별들이 쓸어내린다

고통이 몇 조각으로 찢기기도 전에
서로 멈춘다

낙조落照

집어등이 줄지어 있다
멀리 필리핀인들이 모여 사는 수상가옥
누군가 가슴에 총을 품고 있다지만
이웃과 이웃이 평화롭다는 듯
서로 다정한 불빛을 보낸다

줄에 엮어놓은 쓰레기를 먹고 배가 불룩한 채
북해도 바다를 떠다니는 물고기는 누가 건져주나

북적이는 야시장
매캐한 연기가 이방인을 끌어당긴다
확성기에서 흘러나오는 이슬람의 기도문
시끄럽다고 하면 죄가 될까

상인들은 저마다 분주하게 움직이며
기도문에 몰입하는 표정이다
후텁지근한 오후
들큼한 코코넛을 마시며 길가
부겐빌레아 꽃잎에 눈을 빼앗겼다
시간의 얼룩무늬를 보았다

워터프론트 옆 가로수에 앉은
길 잃은 갈매기
생의 저항을 놓아버렸나
이곳을 떠나지 못하는
흰 새들의 자태가 우아하다

해가 바다로 소리를 밀고 간다

일순간 인간의 삶 속으로 기우는 노을
코타키나발루의 밤은
붉고 뜨겁게
멈춰있다

스카이 미러

자연이 허락한 한 시간의 자유
물 빠진 바다 우유니 모래톱
크림같이 보드라운 모래
착잡한 모래밭에 발자국을 찍는다
아이들의 발자국이 찰박찰박 앞장선다
크고 아름다운 너의 발자국
꾹 눌러보는 내 발자국
어머, 선명한 발자국에 새겨진 나의 옹졸함이 보여
젖은 모래 위에 전신의 힘을 놓는다
발밑엔 반사된 하늘이 떠 있는 스카이 미러*
게, 소라, 조개껍데기도 한숨 돌리고 있다

반복의 쳇바퀴에 낀 발가락을 모래 깊숙이 넣어본다
발가락 사이 모래의 숨결이 느껴진다
모래는 저들끼리 움직이고 있다
우리가 쉬는 순간에도 지각변동은 멈추지 않는다
미세한 진동
인어공주를 부르는가
어여쁜 돌고래가 오는지도 몰라
붉은 하늘이 모래사막에 그림으로 활짝 펼쳐진다
사람들은 아래위로 똑같이 펼쳐진 판타지 속 주인공이다
저마다 타국의 환상을 인증샷에 담기 바쁜 순간

곧 물때가 들어오겠지
파도가 달려오겠지
어린 백마를 앞세우고

※ 스카이미러: 바닷물이 빠지면 해면 위로 반사된 하늘과 피사체의 아름다움을
한 시간가량 볼 수 있다

핸 인 핸

그동안 힘들었죠
너무 오래 걸어왔죠

제주 여미지 식물원
케리안드라, 베고니아. 천사나팔꽃 잎사귀가 무성한 입구

자, 들어오세요
여긴 소인국입니다

매직거울을 봅니다
우리는 공평한 크기로
거울 속 아이디에 설정되었습니다

더위에 지친 무뚝뚝한 표정의 사람들
손짓 발짓 똑같은 일곱 키다리
우스꽝스러운 모습들 서로 깔깔거리지요

손에 손을 잡아요 핸 인 핸

가벼운 리듬으로 춤을 추어요
쿨하게 그렇죠
햇살 속으로 마음껏 떠올라요

목젖을 드러내고 으하하하
입술이 점점 커지니까요

캥거루 주머니에 있나요
불룩한 주머니 속 개그를 꺼내봐요

비밀번호도 잊고
오목렌즈 나라에서
매직쇼를 즐겨봐요

예기치 않은 눈부심

조자니 숲의 맹그로브
흐릿한 날씨 실비를 뿌린다
궁금증을 태운 배가 숲길을 따라간다

어른 아이 입을 모아 합창한다
반디야 놀자 어서 나와
침묵하는 숲

메아리를 길게 보낸다

이윽고 반짝 나타난 반딧불이
함성과 함께 손에 들어온 작은 빛

빛은 내 손금을 따라 반짝인다
손등에서 머리까지 나를 탐색한다

너의 지도가 되어줄게
내 마음 밭의 지형은 삐뚤해서
나비가 걸어오긴 아픈 곳이지

괜찮아 괜찮아 달래주는 빛
무기력을 깨워주는 빛

사랑해 반딧불이야

소리도 없는 것이 내 뜻을 알아듣다니

반딧불이들 일제히 숲속으로 날아간다
어린 원숭이들 바나나를 기다리고
어둠 따라 아쉬움을 싣고 떠나는 배

그때, 폭발적으로 빛을 보내는 숲
강을 따라 넘치는 빛
백화점 크리스마스트리보다 화려한 차림새로
안녕을 말하는 숲
질긴 발가락을 물속 깊이 박고
숲을 지키는 맹그로브
우리는 마음의 램프를 켠 채 숲을 떠났다

그 숲

꽃잠에서 깨어난 나비를 기다려요
고요를 통째로 끌어안고 있기는 버거워요

구름의 잔등을 쓸어내리는 별이 보여요
바람은 나뭇가지를 토닥이지만

흔들리는 나무는 자신의 속울음에 귀를 기울여요
움직이지 않는 제 그림자를 지키려 섰나 봐요

나무는 밤사이 내린 눈가루에 입술을 적셔요
새들은 자작나무 숲이 무사한지 살피며
나뭇가지에 발목을 걸쳐보네요

고독은 왜 짙은 색일까요

해종일 먼 산을 넘나드는 새는
알고 있나 봐요

북해도의 외딴 숲을 보면 알아요
팽팽해진 침묵이 전율하는 소란
새는 메아리를 남긴 채
바람의 귀를 잡고 날아갔어요
새의 행적이 묘연해요

달에게

천지간에
너와 나

이제 내려올 수 없겠니

바라만 보는 것
지쳤어

내 친구 기린의 목덜미를 타고 오렴

별들은 하늘에 맡기고
부엉이가 투덜대면
구름 한 송이 안겨줘

울지 않을게

가을 가뭄

영주동 산복도로는 비가 간절하다
햇살이 바글거리는 땅바닥을 견딜 수 없는 집
밧줄을 타고 도로변 외벽을 꾸미는
인부들의 얼굴이 벌겋다

오늘 하루는 막걸리와 빗소리에 취하고 싶다
얼굴에 후텁지근한 바람이 훑고 간다
일선에서 비바람과 어깨를 나누며 살아온 궤적
달삭한 막걸리에 타는 노을
손들이 한 순배 허공에서 멈춘다

외벽 그림 속 나비와 춤추는 소녀의 손을 잡아본다
따뜻한 벽
빵 자동차 소리에 나비들 흩어진다

부산항 대교를 지나 중앙공원까지 따라온 경적
한 번 오면 돌아가기 싫은 공원 숲길
동네 토박이 미숙 씨와 오래 걸어본 적 있다
평상에서 노닥노닥 부채질하는 노인들
긴긴 생의 하오
소나기라도 오려는지

숫돌이 칼에게

날마다 무섭게 눈뜨는 너
내가 원하는 건
날쌘 너의 성깔뿐

내게 오기 전
스테인리스나 주물이었던 것

나의 내면에 돌을 던져도
비수를 겨누어도
서럽지 않아

먹먹한 가슴은
별빛이 달래주니까

바닷가 수부들의 나직한 노랫소리 들리네
고기가 많이 잡혔나 봐

그물을 준비해야지

빛나게
날카롭게
나의 독기로 눈부신
너의 야성을 찢어봐

다시 적막

붉게 물들고 싶었다
저문다는 것
어둠만은 아니다

생의 결정에서 목을 꺾는
저 노을의 파닥거림

선홍빛 수화에
갈대의 춤사위가 위태롭다
서둘러 떠나려는 철새들
공중을 선회한다

낮은 보폭으로 내려앉는
불안한 착지

나도 첫눈 오기 전에
날개를 펴야지

목을 세운 가시연 물 밑으로 내려앉고
나뭇가지가 햇살을 찍어댄다

노랑부리저어새의 날갯짓에
노을이 저만큼 물러가고
발끝에서 환하게 날아오르는 마른 잎

가을은 내게 바람의 목소리만 남기고 갔다

고요가 맴도는 주남저수지에서
나는 오래 남아 허공을 채운다

● 작품해설

일상과 사유, 물처럼 흘러가는 생명의 줄기에 대하여

글. 정훈(문학평론가)

포엠포엠
POEMPOEM

● 신미선 시집 『유리호프스와 키스하는 아침』 해설

일상과 사유, 물처럼 흘러가는 생명의 줄기에 대하여

글. 정훈(문학평론가)

문학이 현실을 반영하거나 실생활의 세계를 리얼하게 묘사하는 리얼리즘이나, 파편화된 현대인의 무의식과 내면의 심리를 언어 실험을 통해 보여주는 모더니즘 식의 '문법'은 오늘날의 시 쓰기에 단순하게 적용하기 어렵다. 이는 현실이나 심리와 관계없이 시인마다 제각각의 창작 정신과 시 세계를 장착하고 있기 때문이다. 이른바 이념이나 이데올로기에 복무하는 문학의 시대는 지났다. 시인의 숫자만큼이나 시관과 시론이 가능한 만큼 각양각색의 현대 시를 읽는 일은 시인 하나하나의 세계를 들여다보는 행위에 지나지 않는다. 그 세계 속에는 사람, 생명, 사랑, 평등, 평화, 자연,

마음 등이 어지러운 듯 질서 있게 펼쳐져 있으며 시인이 겨냥하고 추구하는 가치와 의미가 곳곳에 숨어있다. 이를 하나씩 캐내어 독자에게 내보이는 형식은 시인의 결정에 따른다. 형식과 의미가 어우러지는 시는 독자가 자연스럽게 받아들이면서 독해하여 시의 세계에 진입하게 된다. 이런 시 읽기를 잘 보여주는 시는 대개 일상이나 시인의 내면 풍경을 형상화하는 작품이다.

신미선 시인의 이번 시집 『유리호프스와 키스하는 아침』은 그러한 독해와 독법이 자연스럽게 이루어지게끔 편편이 가지런하면서도 다채로운 시편들로 가득 차 있다. 각 부에는 동물, 곤충, 꽃(part 1), 인물(part 2), 일상(part 3), 풍경, 사유(part 4) 등으로 나눠 시적 스펙트럼을 분할, 시인의 창작 소재가 주로 어디에 있는지 알려 준다. 이런 친절한 시의 배치와 구도는 그간 시인의 사유가 어떤 형식으로 이루어졌는지 역으로 추적할 수 있게 해준다. 시인은 생명이 지닌 신비로움을 경이로운 눈으로 바라본다. 식물을 포함한 수많은 생명체를 이번 시집의 소재로 삼은 사실로도 알 수 있다. 시인은 식물성의 세계에서 생명이 움트고 자라나는 풍경을 맑은 눈으로 응시하면서 싹트는 사유의 단면을 시 언어로 형상화한다. 단순하고 소박한 마음과 정신으로 일상을 사유하는 시 세계를 더듬다 보면, 시인의 마음이 늘 낮고, 연하고, 순한 바닥에서 넓게 번지는 이끼처럼 세상을 향한 고운 메아리처럼 독자에게 다가서려 한다는 점을 보게 된다.

싱싱하게 자라거라
또록또록 꽃망울 손등으로 쓸어준다
오늘은 배추흰나비쯤 사부작 다가와
노란 꽃 입술에 앉아 주었으면 싶어
창문을 빼꼼 열어둔다

그때 분명 들었는데
환청인 듯 기억 속에 남아있는 음성

아지매, 잘 살고 있네
허허

세상에나!

방충망에 척 달라붙어 웃고 있는
동굴에서 나온 커다란 박쥐처럼

천국으로 건너간 남자

자세히 쳐다보면 눈물이 고일까 봐
얼른 눈을 감았다
찰나를 생각한다

난다 긴다 하는 이도
미구에 어느 행성으로 사라질지 모르는
존재의 불가사의

다시 창문을 활짝 여는 순간
아무것도 보이지 않는 허공뿐인 고요

창밖으로 손을 내민다
내 안으로 들어온 햇살 꼭 쥐어본다
겨울바람이 꿈결처럼 지나간다

창문을 닫는다
몇 날 며칠 아파트 외벽을 칠하는 인부
외줄 타고 느리게 느리게 내려온다
—「유리호프스와 키스하는 아침」

 이번 시집의 표제작이다. 시인이 단 각주에 따르면 유리호프스는 다육식물로 봄을 알리는 노란 꽃이다. "싱싱하게 자라거라 / 또록또록 꽃망울 손등으로 쓸어준다 / 오늘은 배추흰나비쯤 사부작 다가와 / 노란 꽃 입술에 앉아 주었으면 싶어 / 창문을 빼꼼 열어둔다"는 표현처럼 여느 집에서 키우는 식물을 대하는 화자의 사랑스러운 마음과 태도를 보게 된다. 사람이 식물에 쏟는 애정은 누구나 엇비슷하다. 특히 봄을 맞이하면서 꽃을 피우는 식물일수록 사람들에게 생명의 환희와 함께 기쁨을 안겨다 준다. 위 시에서는 그런 봄꽃을 바라보는 화자의 따뜻한 시선이 두드러진다. 그러면서 아울러 "환청인 듯 기억 속에 남아있는 음성"의 "천국으로 건너간 남자"를 떠올린다. 현재의 시각과 기억에서 갑작스럽게 현실로 뛰쳐나온 듯 먼저 보낸 남편에 대한 애틋한 그리움이 혼재되어 있는 위 작품은 "겨울바람이 꿈결처럼 지나간다"는 진술처럼, 신산했던 지난 계절을 건너 따뜻하고 새로운 출발을 알리는 춘풍의 이미지로 형상화한 시다. 생명의 움틈은 얼어붙었던 겨울을 견디면서 이긴 자연의 선물이기에 앞서, 모든 생명의 순환에서 필연적으로 도래할 수밖에 없는 순리의 발현이라고 보아야 할 것이다.

>개미는 생각한다
>나의 한계는 어디까지인가
>실오라기 빛조차 들어올 틈 없이
>유폐된 집
>모두 어디로 갔나
>개미는 빠져나갈 힘이 없다
>
>하늘은 푸르고 구름은 낮게 흐른다
>
>적막에 갇힌 개미

숨이 막힌다
동료들은 어디서
하루의 노동을 견디고 있을까
이웃 병정개미들의 일터에 품앗이 갔을까
틈새 없는 집
언제 무너지나
가냘픈 존재

생의 방향은 언제든 바꿀 수 있어

틈을 찾으려 안간힘 쓰다가
다리 하나 부러졌다
너무 울었나보다
애터질 것 없는 생
두근거림이 사라졌다

개미는 생각한다
자유에 대한
상실에 대한
마지막 기도를 한다
그때 희미하게 들리는 초인종 소리
다시 문을 두드리는 소리
택배요 택배!

드디어 인간의 소리를 들었다
모든 사물이 선명해졌다

— 「빈집」

위 시는 개미를 의인화하여 빈집을 형상화하였다. 시인은 상상력으로 산다고 하지만, 대개 이런 류의 동화적 상상력은 각박한 현대인의 고민과 절망을 잠시 뒤로 젖혀두고 현실과 환상의 경계 어디쯤으로 독자를 데리고 간다. "틈을 찾으려 안간힘 쓰다가/ 다리 하나 부러졌다/ 너무 울었나보다/ 애터질 것 없는 생 / 두근거림이 사라졌다"처럼 진술된 개미의 생각은, 비단 개미 자신의 생각이라기보다는 생존을 위해 복잡하고 각박한 현실을 견뎌내는 현대인으로 병치해도 별로 놀랍거나 이상하지 않다. '빈집'이라는 소재의 시가 많은 이유도 사람과 사람 사이의 관계가 이물스러워지면서 서로를 경쟁 심리의 테두리 안에서 인식하는 사회 분위기의 확산과 관련이 없지는 않다. 사람이 살지 않고 비어 있는 집이 주는 황량하면서도 스산한 이미지는 오늘날을 살아가는 우리 자신의 초상화와도 비슷하다. 정과 사랑이 메말라가는 사회에서 사람들은 스스로 고난의 길을 걸어야 하는 존재가 되었다. 위 작품에서 개미와 빈집의 이미지는 실존적인 한계와 상황에서 고독하게 방치된 생명의 상징으로 읽어도 전혀 맞지 않는 독법은 아닐 것이다.

이번 시집에 촘촘히 들어 있는 시편에는 높거나 화려하지는 않지만 인생의 소박한 진실과 아름다움이 무엇인지 알려주는 시인의 목소리가 가득 퍼져 있다. 시는 현실에서 보고 들은 체험적 사유가 시적 이미지와 언어로 재현되는 장르이다. 그래서 아무리 산문적인 현실이라고 하더라도 시적 형상화를 거치고 나면 순간적인 영상과 같은 언어로 각인이 된다. 세계는 수많은 사건과 원인관계에 따른 현상의 집합체이다. 가깝게는 가족으로부터, 멀리는 나라와 세계에 이르기까지 수도 없이 펼쳐져 있는 존재의 형식에서 한 단면을 끄집어내어 시인의 감성을 불어넣으면 짧은 언어 영상이 되는 것이다. 우리가 현실에서 늘 마주하거나 겪게 되는 사람과 사물도 시적으로 형상화된 객관적인 텍스트로 놓이게 되면, 비로소 우리 현실이 지닌 빛깔과 속내가 무엇이었는지 알 수 있다.

어서 오이소
잘 가이소
자갈치 시장의 좌판은 분주하다
비릿한 냄새
구수한 냄새
시큼한 냄새

웃음으로 덥석 한 생을 내어주는 떨이

오가는 손과 손

바글바글한 소리

어미 눈썹 떼어 날개를 달고 내려온 구름도 더덩실

짭조름한 갈치구이가 저녁 밥상에 오르고

왕성한 식욕

동생들의 손가락이 꼬물거린다

뜨실 때 어여 먹거라

큰 손 어머니가 갈치 살을 뜯는다

노르스름하고 도톰한

그 깊은 사랑

잠깐,

뽀얀 속살을 그렇게 뜯어 발기다니요

-「오직 사랑뿐」 부분

  어머니의 사랑은 동서고금을 막론하고 가장 오래되고 깊은 사랑의 비유로 즐겨 쓰이는 소재다. 생선을 사와 자식들에게 먹이는 그림은 아마 한국에서 가장 보편적인 모성애를 반영하는 상징과도 같은 장면이 아닐까 생각한다. 이런 소박하면서도 정겨운 모습은 우리가 산업화 시대에 접어들면서 팍팍하게 살았던 일상의 단면이다. 특히 부산에 사는 사람이라면 시끌벅적한 풍경을 잘 보여주는 "자갈치 시장의 좌판"을 잊지 못할 것이다. 역사가 오래된 재래시장이나 골목시장에서는 그 지역민들의 풍속뿐만 아니라 언어문화, 그리고 생존의 형식을 잘 볼 수 있다. 오랜 노동을 끝내고 집에 들어와서 가족들이 두런두런 모여 앉아 먹는 저녁 밥상이야말로 한국인의 정서를 잘 나타낸다. 여기에서 중요한 것이 바로 '사랑'이다. 이 사랑은 배우고 익혀서 체득한 사랑이 아니다. 핏줄에게 선사하는 본능과도 같은 감정이다. 이러한 '오직 사랑'이 있기에 우리는 서로 다투거나 미워하지 않고 살아갈 수가 있는 것이다. 증오와 폭력이 난무하는 현대인의 풍경에서 귀하게 되찾아야 하는 오랜 사랑의 속살을 위 시를 통해 볼 수가 있다.

> 그는 당감동 시장에서 호떡을 굽는다
> 빙그레 웃음 하나가 재산이다
> 상대를 칭찬할 때는 어눌한 말투
> 덧니 사이로 침이 고이거나 흐르기도 한다
> 그 모습이 진짜 사나이다
>
> 십 년 전 목수 일을 할 때도 그랬다
> 굵직굵직한 건물이 그의 손에서 완성될 때
> 늘 겸손하게 사람을 대했다
> 부하직원에게도 친절하며
> 나직하게, 작아져가는 만수씨

내로라하는 사상 구포지역 장돌뱅이들
　　　그의 만만치 않은 이력 앞에서 굽신거려도
　　　그는 겨웁도록 자신을 낮추었다

　　　오늘도 가게 앞엔 줄을 선다
　　　목수 일을 접고 서울에서 호떡 비법을 전수받은 그
　　　호떡을 구울 때는 허리가 꼿꼿해지고 눈빛이 단호하다
　　　때로는 호떡을 손끝으로 빙그르르 돌리기도 한다
　　　마치 비행접시가 떠 있는 듯 묘기를 보여준다

　　　버터에 구운 호떡은 싫어
　　　나는 그와 눈이 마주칠까
　　　고개를 돌리고 그 앞을 지나간다
　　　　　　　　　　　　　　　　　　－「최만수 씨」

　동네 어디에나 있을 법한 한 사내를 형상화한 작품이다. '최만수 씨'는 실제 시인이 알고 있는 분일 가능성이 높지만 사실 '박만수 씨'이기도 하고 '강철수 씨'이기도 한 필부에 지나지 않는다. 호떡 굽는 일을 하면서도 웃음과 겸손을 잃지 않는 남자이다. 이런 사람은 우리 주위에 흔하다. 골목이나 큰길가에 좌판을 내어놓고 장사를 하는 사람들은 사실 우리 가족이거나 바로 자기 자신일 수도 있다. 시는 이런 현실적인 사람의 모습을 형상화할 때 감동이 증폭된다. "오늘도 가게 앞엔 줄을 선다 / 목수 일을 접고 서울에서 호떡 비법을 전수받은 그 / 호떡을 구울 때는 허리가 꼿꼿해지고 눈빛이 단호하다 / 때로는 호떡을 손끝으로 빙그르르 돌리기도 한다 / 마치 비행접시가 떠 있는 듯 묘기를 보여"주는 만수 씨를 시인은 섬세하게 들여다보았을 것이다. 생업을 위해 일을 하는 사람의 모습은 아름답다. 어떤 직업이든, 어떤 일을 하던 노동에 몰두하는 사람의 모습에서 자연과 하늘의 섭리를 보게도 된다. 시인이 묘사한 남자는 특별하지도 고귀하지도 않지만, 흔하고 소박한 아름다움을 직접 보여주는 이 세계의 작은 요소 가운데 하나일 것이다. 일상을 덤덤하게 영위하는 현대인의 동선과 표정에 피어나는 생명의 값진 단면을 본다.

나는 모든 사물의 인질이다
공원 벤치에 앉아 시를 쓴다
물오른 것들의 맨 처음을 봄이라 쓴다

신록이 다가와 장미 한 송이 건넨다
장미의 빨간 손톱이 뾰족하다

세상은 꽃 천지
날개를 단 글자들 비눗방울처럼 부풀어 오른다
물관을 빠져나온 연두의 이파리도

저요저요

품고 싶은 봄의 새끼들이 재잘대며 풍경을 밀고 간다

사색의 지느러미를 당긴다

생의 궤적은 미친 듯 기록하는 자의 완성이다

죽어서도 살아있는 연금술사

지금의 느낌표를 사막의 모래 위에 그리고 싶다

내 마음의 사막에도 바람은 분다

문득 어린 왕자를 만날 것 같은 예감

미풍이 벌써 내가 담겨 있는 동선을 옮겨버렸다

도시에서 실종된 나는

기나긴 사막의 목소리를 듣는다

천년만년 쓰고 쓰자 소리쳐 본다

봄볕은 납치범의 흉상을 삭제해버렸다

장미꽃 속에서 붉은여우꼬리의 입술이

뭐라 뭐라고 속삭인다

-「오월」

사계절의 순환을 들여다보면서 느낄 수 있는 사실은, 어쩌면 이렇게까지 빈틈없고 물샐틈없이 세상의 모든 조각이 아귀를 맞춰 운행하고 있는가 하는 점이다. 여기에서 자연의 법칙은 인간의 이성과 논리를 넘어서는 곳에 있다. 시인은 싱그러운 5월의 한 때 시를 쓰면서 다양한 상념에 빠진다. "도시에서 실종된 나는 / 기나긴 사막의 목소리를 듣는다 / 천년만년 쓰고 쓰자 소리쳐 본다"처럼, 공원 벤치에 앉아 시를 쓰면서 은은하게 밀물처럼 들이닥친 시상詩想에 빠져 영원히 쓰는 자로서 있겠다는 다짐을 스스로 하는 장면을 본다. 이런 특이한 경험 속에 놓일 때 우리는 깊은 잠이나 늪에 빠져드는 것처럼 안온한 행복을 맛본다. 시인이라면 그 깊이는 더욱 증폭될 것이다. 계절 또한 여왕으로 비유되는 5월이니 그 기분과 감성은 최대치가 되지 않을 수 없다. 하루 중에서 가장 사유와 상념이 치밀하게 진행되는 때는 사람마다 다르겠지만, 위의 시와 같은 배경과 시간대에 속한 화자에게는 안성맞춤일 수도 있을 것이다. 시는 시인이 상상하는 세계에 배경이 되어 주는 존재를 불러들이는 기능을 떠맡기도 한다.

달에게 흘러가는 오류다

슈베르트의 겨울 나그네
듣는다

애잔한 멜로디
뼛속까지 파고드는 선율
비애가 혀에 물리는 어둠 속 리듬

달콤한 와인의 향기

은율이 슬픔을 부를수록 정신은 생기를 띤다
공간에 깔린 침묵조차 관통할 수 없는
나약한 유리잔에
모네의 수련 한 송이 띄운다

이토록 경이로운 전율, 연민
입술로 전할 수 없어
밤의 꽃다발을 어루만질 뿐

생의 뒤편에 도사린 아련함이
나를 증명한다

차가운 하늘
눈만 껌벅이는 별들이
음계의 층계를 밟고 애도하러 온다

야윈 까마귀야 음악은 멈추지 않아

아픈 내 심장을 줄 수가 없다

아침이 오니까

-「자발적 고독」

"생의 뒤편에 도사린 아련함이 / 나를 증명한다"는 진술에 주목한다. 이번 시집에 실린 시편이 제각각 다양한 감성과 빛깔을 보이고 있지만, 이 대목이 아마 시인의 내면 풍경을 가장 잘 보여주는 구절이 아닐까 생각한다. 사랑과 기쁨, 그리고 행복과 평온함만이 일상을 가득 메우는 건 아니다. 그 이면에는 불안과 상처가 넓게 퍼져 있다. 주지하다시피 인간은 양면성을 지닌 존재다. 늘 행복하거나 웃음을 짓는 사람이라도 내면 깊숙이 자리 잡은 쓸쓸함은 어쩌지 못한다. 신미선 시인은 시를 씀으로서 고독하고 쓸쓸한 내면을 달래려 한다. 생명이 움트는 풍경과 배경을 보면서 말할 수 없는 행복을 느끼기도 하지만, 그러한 존재 뒷면에 새겨져 있는 외로움의 흔적을 발견하기도 한다. 어쩌면 이 외로움이 우리를 증명하는 가장 확실한 것이 아닐까. 외로움과 쓸쓸함이 아련하게 피어오르는 현실의 공간에서 시인은 언어를 물고 백지에 수놓으려는 몸짓으로 존재 이유를 증명하려고 한다. 사실 이런 행위를 해야지만 만족하는 사람이 시인이다. 시인은 몸과 마음에 부풀어 오르는 감각과 감성의 물결을 주체하지 못하고 기어이 언어로 조립하여 문장으로 엮어야 하는 사람이다. 이번 시집에는 시인이 일상 풍경뿐만 아니라 그 뒷면에 드넓게 펼쳐져 있는 의식의 그늘까지도 군데군데 흩뿌려 놓았다. 존재의 고독을 넘어 환희에 이르기까지 걸어야 하는 시의 도정에 보곤 하는 생명의 환한 빛줄기를 시편에서 확인할 수 있다.

소리도 형태도 없는

기묘한 놀람이다

― 「시인의 말」에서

묵언默言 중인 붉은 혓바닥

목숨을 놓는다

－ 시 「동백」에서

포엠포엠시인선 046

유리호프스와 키스하는 아침
신미선 시집

초판 1쇄 발행 | 2025년 8월 15일

지은이 | 신미선
펴낸이 | 한창옥
기획·제작·편집 | 성국
디자인 | 성국, 김귀숙

펴낸곳 | 도서출판 **포엠포엠 POEMPOEM**
출판등록 | 25100-2012-000083

본　사 | 서울시 송파구 잠실로 62 트리지움 308-1603 (05555)
편집실 | 부산시 해운대구 마린시티 3로 37 오르듀 1322호 (48118)
출간 문의 | 010-4563-0347, 02-413-7888
팩스 FAX | 02-6478-3888
이 메 일 | poempoem@daum.net
홈페이지 | www.poempoem.kr
제작 및 공급처 | 산업디자인전문회사 두손컴

정가 13,000원

ISBN 979-11-86668-53-5　03810

* 저자와 협의 아래 인지를 생략합니다.
* 이 책의 저작권은 저자와 출판사에 있습니다.
　저자 허락과 출판사 동의 없이 무단 전재 및 복제를 금합니다.
* 잘못 만들어진 책은 바꿔드립니다.

본 도서는 2025년 부산광역시, 부산문화재단 (부산문화예술지원사업)으로 지원을 받았습니다.